AF264011

APERÇU

D'UN BUDGET

POUR L'ANNÉE 1816,

Par l'Auteur des

CONSIDÉRATIONS

SUR

LES FINANCES

(27 décembre 1815).

ACQ. 46.194
LABÉDOYÈRE

TABLEAU N° Ier, Dette totale.

N° II, Charges de l'année.

N° III, Recettes de l'année.

N° IV, Caisse d'amortissement.

N° V, Caisse des ressources.

APERÇU D'UN BUDGET

POUR L'ANNÉE 1816.

~~~~~~

TABLEAU N.º PREMIER.

DETTE TOTALE.

Dette publique augmentée de 7,000,000 de rentes par le traité du 20 novemb. 1815.	2,300,000,000
Indemnités	600,000,000
Capital en échanges aux communes . . .	29,000,000
Arriéré liquidé converti en rentes	12,000,000
Dettes du Roi	30,000,000
Ancien et nouvel arriéré	600,000,000
Négociation des 600,000,000 à 66 2/3 . .	300,000,000
Contribution de guerre	700,000,000
Négociation de la contribution à 66 2/3 .	350,000,000
Entretien des troupes alliées pendant 5 ans.	650,000,000
Négociation de l'entretien des troupes, à 66 2/3.	325,000,000
Total de la dette	5,896,000,000
~~~~~~

TABLEAU N° II.

DÉPENSES DE L'ANNÉE.

Dette publique, 5 p. 100 aux porteurs, et 1 p. 100 à la caisse d'amortissement, sur 5,896,000,000; en tout, 6 p. 100 ..	353,760,000
Liste civile	33,000,000
Chambre des pairs.	2,000,000
Chambre des députés	700,000
Ministère de la justice.	17,000,000
Ministère de la guerre	180,000,000
Ministère de l'intérieur	70,000,000
Ministère de la marine.	48,000,000
Ministère des affaires étrangères	6,500,000
Ministère des finances.	16,000,000
Ministère de la police générale	1,000,000
Frais de négociations	12,000,000
Intérêts des cautionnemens	8,000,000
Nous ne comprenons pas ici l'intérêt des obligations royales, puisqu'on liquide . . .	» » »
Total des charges	747,960,000

Le fonds d'amortissement compris au budget, et qui est de 14,000,000, n'a pas été porté ici, parce qu'il est remplacé par 1 p. 100 d'intérêt, dont le produit est de 58,960,000 sur la totalité de la dette.

TABLEAU Nº III.

RECETTES DE L'ANNÉE.

Contributions directes 320,000,000
Enregistrement, domaines, coupes de bois. 156,000,000
Contributions indirectes et tabacs 147,000,000
Douanes et sels 75,000,000
Postes, loteries, salines, recettes diverses. . 29,000,000
Don du Roi. 10,000,000
Retenue sur les traitemens 13,000,000
____

Total des recettes 750,000,000

Nous n'avons pas porté ici les 50,000,000 de cautionne-
mens, parce que cette somme ne doit figurer qu'au nombre
des ressources, et ne peut, sous aucun rapport, compter au
nombre des recettes annuelles.

Recettes . . . 750,000,000 }
Dépenses. . . 747,960,000 } Différence en plus. 2,040,000

La balance s'établit en votant un crédit aux dépenses
imprévues. (Billets du trésor.)

TABLEAU N° IV.

CAISSE D'AMORTISSEMENT:

SES OPÉRATIONS ET SA MARCHE.

Première année.

Un pour 100 de la dette.	58,960,000 }	
Placés en rachats à 66 ²/3	29,480,000 }	88,440,000

Deuxième année.

Cinq p. 100 sur son capital.	4,422,000
Un p. 100 de la dette.	58,960,000

Placés en rachats à 66 ²/3	63,382,000 }	
Bonification.	31,691,000 }	95,073,000

Troisième année.

Cinq p. 100 sur le capital de la 1re année.	4,422,000
Cinq p. 100 *id.* de la 2e. . . .	4,753,650
Un p. 100 de la dette.	58,960,000

Placés en rachats à 66 ²/3	68,135,650 }	
Bonification.	34,067,825 }	102,203,475

Quatrième année.

Cinq p. 100 sur le capital de la 1re année.	4.422,000
Cinq p. 100 *id.* de la 2e. . . .	4.753,650
Cinq p. 100 *id.* de la 3e. . . .	5,110,173
Un p. 100 de la dette.	58,960,000

Placés en rachats a 66 ²/3	73,245,823 }	
Bonification.	36,622,911 }	109,868,734

Cinquième année.

Cinq p. 100 sur le capital de la 1re année.			4,422,000
Cinq p. 100	*id.*	de la 2e. . . .	4,753,650
Cinq p. 100	*id.*	de la 3e. . . .	5,110,173
Cinq p. 100	*id.*	de la 4e. . . .	5,493,436
Un p. 100 de la dette.			58,960,000

Placés en rachats à 66 2/3 . . . . 78,739,259 ⎱
Bonification . . . . . . 39,369,629 ⎰ 118,108,888

Sixième année.

Cinq p. 100 sur le capital de la 1re année.			4,442,000
Cinq p. 100	*id.*	de la 2e. . . .	4,753,650
Cinq p. 100	*id.*	de la 3e. . . .	5,110,173
Cinq p. 100	*id.*	de la 4e. . . .	5,493,436
Cinq p. 100	*id.*	de la 5e. . . .	5,905,444
Un p. 100 de la dette.			58,960,000

Placés en rachats à 66 2/3 . . . . 84,664,703 ⎱
Bonification . . . . . . 42,332,351 ⎰ 126,997,054

Septième année.

Cinq p. 100 sur le capital de la 1re année.			4,442,000
Cinq p. 100	*id.*	de la 2e	4,753,650
Cinq p. 100	*id.*	de la 3e	5,110,173
Cinq p. 100	*id.*	de la 4e	5,493,436
Cinq p. 100	*id.*	de la 5e	5,905,444
Cinq p. 100	*id.*	de la 6e	6,349,852
Un p. 100 de la dette.			58,960,000

Placés en rachats à 66 2/3 . . . . 91,014,555 ⎱
Bonification . . . . . 45,507,277 ⎰ 136,521,832

Huitième année.

Cinq p. 100 sur le capital de la 1re année.			4,442,000
Cinq p. 100	*id.*	de la 2e. . . .	4,753,650
Cinq p. 100	*id.*	de la 3e. . . .	5,110,173
Cinq p. 100	*id.*	de la 4e. . . .	5,493,436
Cinq p. 100	*id.*	de la 5e. . . .	5,905,444
Cinq p. 100	*id.*	de la 6e. . . .	6,349,852
Cinq p. 100	*id.*	de la 7e. . . .	6,826,091
Un p. 100 de la dette.			58,960,000

Placés en rachats à 66 2/3 . . . . 97,840,646 }
Bonification . . . . . . 48,920,323 } 146,760,969

Neuvième année.

Cinq p. 100 sur le capital de la 1re année.			4,442.000
Cinq p. 100	*id.*	de la 2e. . . .	4,753,650
Cinq p. 100	*id.*	de la 3e. . . .	5,110,173
Cinq p. 100	*id.*	de la 4e. . . .	5,493,436
Cinq p. 100	*id.*	de la 5e. . . .	5,905,444
Cinq p. 100	*id.*	de la 6e. . . .	6,349,852
Cinq p. 100	*id.*	de la 7e. . . .	6,826,091
Cinq p. 100	*id.*	de la 8e. . . .	7,338,048
Un p. 100 de la dette.			58,960,000

Placés en rachats à 66 2/3 . . . . 105,178,694 }
Bonification . . . . 52,589,347 } 157,768,041

Dixième année.

Cinq p. 100 sur le capital de la 1re année.			4,442,000
Cinq p. 100	*id.*	de la 2e. . . .	4,753,650
Cinq p. 100	*id.*	de la 3e. . . .	5,110,173
Cinq p. 100	*id.*	de la 4e. . . .	5,493,436
Cinq p. 100	*id.*	de la 5e. . . .	5,905,444

Cinq p. 100 sur le capital de la 6e année.   6,349,852

Cinq p. 100   *id.*   de la 7e. . . .   6,826,091

Cinq p. 100   *id.*   de la 8e. . . .   7,338,048

Cinq p. 100   *id.*   de la 9e. . . .   7,888,402

Un p. 100 de la dette.   58,960,000

Placés en rachats à 66 2/3 . . . . 113.067,096)

       Bonification. . . . . . 56,533,548 } 160,600,644

     Total des dix années. 1,251,342,637

TABLEAU Nº V.

CAISSE DES RESSOURCES:

SON CAPITAL.

Forêts estimées au capital de . . .	1,000,000,000
Biens communaux invendus. . . .	50,000,000
Rentrées sur l'exercice de 1815. .	220,000,000
Idem, 1813 et 1814	10,000,000
A recouvrer sur les bois vendus. .	23,000,000
Id. sur les biens communaux vendus.	20,000,000
Réserves de vieux bois.	12,000,000
A payer par le commerce	16,000,000
Inscriptions perpétuelles sans pro-priétaires.	5,000,000
Cautionnemens , ...	50,000,000
Intérêts sur la contribution de guerre et sur l'entretien de la 1re année.	101,250,000
Idem . . . de la 2e année . . .	81,000,000
Idem . . . de la 3e année . . .	60,750,000
Idem . . . . de la 4e année . . .	40,500,000
Idem . . . de la 5e année . . .	20,250,000
	1,709,750,000

CAISSE DES RESSOURCES.

RECETTES ET OPÉRATIONS.

Première année 1816.

Rentrées diverses	» » »
. . . .	356,000,000

Intérêt sur la contribution et l'entretien. 101,250,000
Produit de la vente des biens com-
munaux. 50,000,000
____

Placés en rachats à 66 2/3 . . . . . 507,250,000 ⎱
Bonification. . . . . . . 253,625,000 ⎰ 760,875,000

Deuxième année 1817.

Cinq pour 100 sur son capital. 38,043,750
Intérêt sur la contribution et l'entre-
tien. 81,000,000
Produit de la vente des forêts. 50,000,000
____

Placés en rachats à 66 2/3 . . . . . . 169,043,750 ⎱
Bonification. . . . . . . 84,521,875 ⎰ 253,565,625

Troisième année 1818.

Cinq p. 100 sur le capital. de la 1re année. 38,043,750
Cinq p. 100 sur le capital de la 2e. . . 12,678,281
Intérêt sur la contribution et l'entre-
tien. 60,750,000
Produit de la vente des forêts. 50,000,000
____

Placés en rachats à 66 2/3 . . . . . . 161,472,031 ⎱
Bonification . . . . . . 80,736,015 ⎰ 242,208,046

Quatrième année 1819.

Cinq p. 100 sur le capit. de la 1re année. 38,043,750
Cinq p. 100   id.   de la 2e. . . . 12,678,281
Cinq p. 100   id.   de la 3e. . . . 12,110,402
Intérêt sur la contribution et l'entretien. 40,500,000
Produit de la vente des forêts 50,000,000
____

Placés en rachats à 66 2/3 . . . . . . 153,332,433 ⎱
Bonification. . . . . 76,666,216 ⎰ 229,998,649

Cinquième année 1820.

Cinq p. 100 sur le capital de la 1re année.   38,043,750
Cinq p. 100   *id.*   de la 2e. . . .   12,678,281
Cinq p. 100   *id.*   de la 3e. . . .   12,110,402
Cinq p. 100   *id.*   de la 4e. . . .   11,499,932
Intérêt sur la contribution et l'entretien.   20,250,000
Produit de la vente des forêts.   50,000,000

Placés en rachats à 66 2/3 . . . . 144,582,365 }
       Bonification. . . . . .   72,291,182 }   216,873,547

Sixième année 1821.

Cinq p. 100 sur le capital de la 1re année.   38,043,750
Cinq p. 100   *id.*   de la 2e. . . .   12,678,281
Cinq p. 100   *id.*   de la 3e. . . .   12,110,402
Cinq p. 100   *id.*   de la 4e. . . .   11,250,000
Cinq p. 100   *id.*   de la 5e. . . .   10,843,677
Produit de la vente des forêts   50,000,000

Placés en rachats à 66 2/3 . . . . 134,926,110 }
       Bonification. . . . . .   67,463,055 }   202,389,165

Septième année 1822.

Cinq p. 100 sur le capit. de la 1re année.   38,043,750
Cinq p. 100   *id.*   de la 2e. . . .   12.678,281
Cinq p. 100   *id.*   de la 3e. . . .   12,110,402
Cinq p. 100   *id.*   de la 4e. . . .   11,250,000
Cinq p. 100   *id.*   de la 5e. . . .   10,843,677
Cinq p. 100   *id.*   de la 6e. . . .   10,119,458
Produit de la vente des forêts.   50,000,000

Placés en rachats à 66 2/3 . . . . 145,045,568 }
       Bonification. . . . . .   72,522,784 }   217,568,352

Huitième année 1823.

Cinq p. 100 sur le capit. de la 1re année.			38,043,750
Cinq p. 100	*id.*	de la 2e. . . .	12,678,281
Cinq p. 100	*id.*	de la 3e. . . .	12,110,402
Cinq p. 100	*id.*	de la 4e. . . .	11,250,000
Cinq p. 100	*id.*	de la 5e. . . .	10,843,677
Cinq p. 100	*id.*	de la 6e. . . .	10,119,458
Cinq p. 100	*id.*	de la 7e. . . .	10,878,417
Produit de la vente des forêts.			50,000,000

Placés en rachats à 66 2/3 . . . . 155,923,985 }
     Bonification. . . . . . 77,961,992 } 233,885,977

Neuvième année 1824.

Cinq p. 100 sur le capital de la 1re année.			38,043,750
Cinq p. 100	*id.*	de la 2e. . . .	12,678,281
Cinq p. 100	*id.*	de la 3e. . . .	12,110,402
Cinq p. 100	*id.*	de la 4e. . . .	11,250,000
Cinq p. 100	*id.*	de la 5e. . . .	10,843,677
Cinq p. 100	*id.*	de la 6e. . . .	10,119,458
Cinq p. 100	*id.*	de la 7e. . . .	10,878,416
Cinq p. 100	*id.*	de la 8e. . . .	11,694,298
Produit de la vente des forêts.			50,000,000

Placés en rachats à 66 2/3 . . . . 167,618,282 }
     Bonification. . . . . . 83,809,141 } 251,427,423

Dixième année 1825.

Cinq p. 100 sur les cap. des huit 1res anns.			117,618,282
Cinq p. 100	*id.*	de la 9e.	12,571,371
Produit de la vente des forêts.			50,000,000

Placés en rachats à 66 2/3 . . . . 190,189,653 }
     Bonification. . . . . . 95,094,826 } 285,284,479

Total des dix années. 2,894,076,232

RÉSULTAT

AU COMMENCEMENT DE 1826.

Total de la dette en 1816. 5,896,000,000

Total des rachats opérés en dix ans par la caisse
d'amortissement. 1,251,342,637

Total des rachats opérés en dix ans par la caisse
des ressources 2,894,076,232

Total des rachats opérés en dix ans. 4,145,418,869

La dette était, en 1816, de. 5,896,000,000
Les rachats la diminuent de. 4,145.418,869

La dette totale de l'Etat, en 1826, ne sera plus
que de. 1,750,581,131

La dette se trouvant éteinte jusqu'à la concurrence d'à-peu-près
quatre cinquièmes, dans l'espace de dix ans ; à cette époque, c'est-
à-dire en 1826, les impôts pourraient être diminués dans la même
proportion.

DE L'IMPRIMERIE DE PILLET, RUE CHRISTINE.

BIBLIOTHÈQUE NATIONALE
R.F.
IMPRIMÉS

www.ingramcontent.com/pod-product-compliance
Lightning Source LLC
Chambersburg PA
CBHW061833060726
47597CB00008B/3487